Amazon Echo

Alexa zieht ein

von Markus Gann

Impressum:
Markus Gann
Marienstraße 11
82327 Tutzing

E-Mail: foto@magann.de
Web: http://www.magann.de

Texte, Covergestaltung: Eigenproduktion
Lektorat: Alexandra Krug

1. Auflage Februar 2017

„Alexa, sein oder nicht sein?“

Inhalt

Vorwort

Ja, ich gebe es zu: Ein bisschen technikverliebt bin ich schon. Die ersten Meldungen über die Sprachassistentin Alexa fand ich sehr interessant und als es die Möglichkeit gab, einen Amazon Echo in Deutschland zu kaufen, habe ich nicht lange gezögert. Nun steht der Amazon Echo hier neben mir und Alexa wartet auf meine Fragen. Momentan spielt sie Radiomusik, meinen Lieblingssender, während ich dieses Buch über sie schreibe.

Man muss kein Technik-Nerd sein, wenn man den Funktionsumfang von Alexa nutzen möchte. Amazon macht es dem interessierten Nutzer recht einfach und wer mit einem Smartphone umgehen kann, der wird auch schnell Zugang zu Alexa haben.

Wozu ist dann ein Buch wie dieses nötig?

Dieses Buch zeigt die Möglichkeiten auf, die Sie mit Alexa nutzen können, gibt Hilfestellung, wenn es bei der Einrichtung Probleme geben sollte, erklärt die Alexa-App, zeigt Praxisbeispiele, wie Sie Alexa im Alltag nutzen können und wie Sie den Funktionsumfang von Alexa erweitern.

Es zeigt aber auch, was Alexa momentan (noch) nicht kann.

Übrigens, wenn ich im Buch von Amazons Echo schreibe, ist im Regelfall auch der kleinere Echo Dot gemeint. Die Unterschiede der beiden Geräte werden im Kapitel „Kaufentscheidung: Amazon Echo oder Echo Dot?“ erklärt.

Herzlichen Dank, dass Sie dieses Handbuch gekauft haben. Sie unterstützen damit meine Arbeit.

„Alexa, was gibt’s Neues?“

1. Was ist der Amazon Echo und wer ist Alexa?

Der Echo oder der kleinere Echo Dot ist die Schnittstelle zu Amazons Sprachassistentin Alexa. Der Echo ist eigentlich ‚nur' ein Lautsprecher, erweitert mit Mikrofonen und einem drahtlosen Internetanschluss über WLAN. Im Vergleich zu einem Computer fehlt beim Echo der Monitor und die Tastatur. Echo nimmt Fragen und Kommandos ausschließlich über das Mikrofon entgegen. Das funktioniert so gut, dass keine Tastatur notwendig ist. Die Antworten werden über den Lautsprecher ausgegeben. Amazon Echo ist also ein auf Sprache reduziertes System, das immer dann funktioniert, wenn kein visuelles Ergebnis nötig ist, um die Information zu verstehen. Dies ist vergleichbar mit dem Unterschied zwischen Radio und Fernseher. Nachrichten werden sehr wohl auch ohne Bilder verstanden, eine Fernsehsendung allerdings wäre ohne Bilder uninteressant.

Alexa ist die Sprachassistentin, die gesprochene Anfragen verarbeitet und die Ergebnisse auf dem Echo ausgibt. Die Funktionen der Sprachassistentin Alexa laufen übrigens nicht auf dem Echo-Gerät selbst ab.

Alexa ist eine „künstliche Intelligenz“, die ihre Informationen aus der Cloud von Amazon bezieht. Sämtliche Anfragen werden also in der Cloud verarbeitet. Der Echo sendet aber keinesfalls alles, was im Raum gesprochen wird, an Amazon; er wartet, bis ein Aktivierungswort gesprochen wird. Als Standard ist das Wort „Alexa“ eingestellt. Sagen Sie also „Alexa“, dann übermittelt Ihr Echo das nachfolgende Kommando an die Cloud, verarbeitet die Daten und gibt das Ergebnis aus.

Ob Alexa wirklich intelligent ist, darüber darf gerne gestritten werden. Jedenfalls wird gesprochene Sprache recht gut verstanden und die Antworten von Alexa werden recht natürlich wiedergegeben. Das verleitet fast schon dazu, mit Alexa zu diskutieren. Aber an diesem Punkt endet die Intelligenz von Alexa momentan.

Alexa kann auf Zuruf einige Aufgaben übernehmen: „Alexa, mach das Licht an!“, „Alexa, spiele Musik!“, „Alexa, setze Mehl auf die Einkaufsliste!“, „Alexa, was sind die Nachrichten heute?“, „Alexa, neuer Kalendereintrag...“, „Alexa, setze einen Timer auf 5 Minuten.“, „Alexa, wecke mich morgen früh um sieben Uhr.“, „Alexa, was ist fünf mal fünf?“, „Alexa, wie ist das Wetter?“ oder „Alexa, wie hoch ist der Eiffelturm?“

Der Funktionsumfang von Alexa kann mit Skills erweitert werden. Damit kann Alexa auch ein Smart Home steuern und beispielsweise die Heizung auf Zuruf einstellen. Mit dem Kommando: „Alexa, erhöhe die Temperatur im Wohnzimmer um 2 Grad!“ lässt sich die Temperatur vom Sofa aus erhöhen.

Während meiner Arbeit an diesem Handbuch, drängte sich mir ein weiterer spontaner Vergleich zu Alexa auf. Bei einem Spaziergang im Park hörte ich plötzlich die Kommandos „Sitz“ und „Geh zu Frauchen“ direkt neben mir. Diese Kommandos galten natürlich einem Hund, mir fiel dabei aber sofort die Alexa ein. Offensichtlich hat der Mensch Spaß daran, einem ‚Wesen‘ Kommandos zuzurufen und zu schauen, ob (und wie) diese umgesetzt werden. Alexa kann zwar kein Stöckchen bringen, aber sie kann sehr viele Kommandos verarbeiten. Mir fällt jetzt erst auf, dass ich nach einigen Kommandos auf den Echo starre und gespannt auf die Reaktion von Alexa warte.

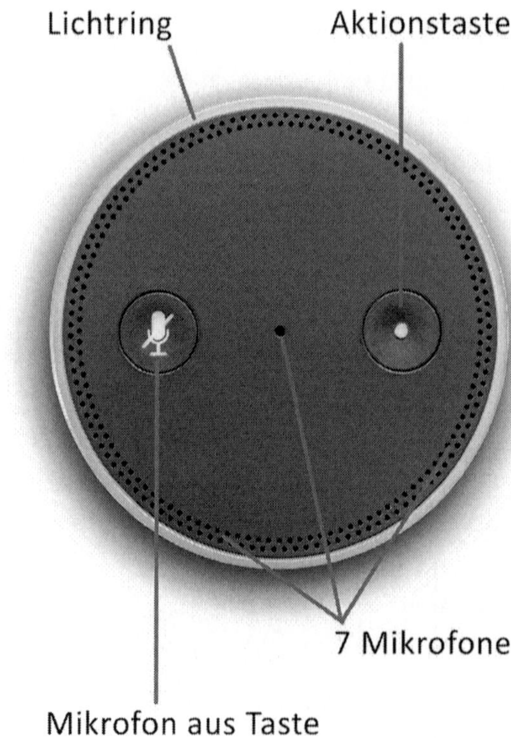
Lichtring
Aktionstaste
7 Mikrofone
Mikrofon aus Taste

2. Kaufentscheidung Amazon Echo oder Echo Dot?

Wenn es um die Funktionalität von Alexa geht, können beide Geräte das Gleiche. Beide Geräte nehmen gesprochene Kommandos entgegen, verarbeiten diese in der Cloud und geben das Ergebnis auf dem Gerät aus.

Beide Geräte besitzen 7 Mikrofone, die so angebracht sind, dass Kommandos von überall im Raum verstanden werden. Bei beiden Geräten befindet sich an der Oberseite ein Schalter, um das Mikrofon auszuschalten. Wenn Sie diesen Schalter betätigen, signalisiert der Echo mit einem roten Licht, dass er nicht mehr zuhört. Ebenso befindet sich bei beiden Geräten ein Schalter an der Oberseite, um ein Kommando (einmalig) ohne Aktivierungswort zu senden (Aktionstaste).

Darüber hinaus befindet sich ein Ring an der Oberseite der Geräte, der rot leuchtet, wenn das Mikrofon ausgeschaltet ist oder blau, wenn Kommandos an die Cloud gesendet werden. Während der Echo auf das Aktivierungswort wartet, leuchtet der Ring nicht.

Beide Geräte können lauter und leiser gestellt werden. Am Echo ist das elegant mit einem Drehring am oberen Teil des Gehäuses gelöst. Der Echo Dot hat zwei weitere Schalter auf der Oberseite; beide dienen dazu, die Lautstärke zu regeln.

Sowohl der Echo als auch der Echo Dot haben Lautsprecher im Gehäuse verbaut. Der Echo Dot hat nur einen bauartbedingten kleinen Lautsprecher verbaut, während der größere Echo einen Bass und Hochtöner hat, die so verbaut sind, dass der Schall über 360 Grad im Raum verteilt wird. Beide sind mono. Mit dem Echo kann man sich gut den Tag über mit Musik berieseln lassen; er hört sich sehr gut an. Der Echo Dot eignet sich eher für die Sprachrückmeldungen von Alexa. Wenn man nicht sehr verwöhnt ist, kann man aber auch auf dem Dot Musik hören.

Beide Geräte geben Musik von externen Geräten über Bluetooth aus, aber nur der Dot kann seine Musik oder Sprache an andere Bluetoothgeräte senden. Der kleinere Echo hat auch einen Line-out Anschluss und kann so an jede Stereoanlage angeschlossen werden. Damit kann der Echo Dot seine Inhalte in Stereo wiedergeben, was der große nicht kann!

Es gibt auch einen Unterschied bei der Stromversorgung: Der Echo wird mit einem eigenen 15V Netzteil versorgt und kann nicht mit einem Standard-USB-Kabel betrieben werden. Der Echo Dot kommt mit einem Standard-USB-Ladegerät aus und ist dadurch flexibler, was die Stromversorgung angeht.

Beide Geräte sind in den Farben Schwarz und Weiß erhältlich.

Der kleine Echo Dot kann unauffälliger als der große Echo im Raum installiert werden.

Kaufentscheidend für mich war, dass der Echo Musik in einer guten Qualität abspielen kann. Da ich den Echo am Schreibtisch nutze, ersetzt er hier ein Radio oder Musik-Player.

Für diejenigen, die den Echo im Wohnzimmer nutzen möchten, ist der kleinere Echo Dot eventuell die bessere Lösung. Dies kommt daher, dass er unauffälliger ist und die Musik über die Stereoanlage in Stereo ausgeben kann.

Der kleinere Echo Dot kann auch flexibler in einen anderen Raum mitgenommen werden, da er über ein USB-Kabel betrieben werden kann.

Der Dot ist für etwa ein Drittel des Echo-Preises erhältlich. Er ist also eine wirklich günstige Möglichkeit, die Funktionen von Alexa zu nutzen.

„Eine kleine Umfrage zum Aktivierungswort ergab: 82% bevorzugen Alexa.“

3. Brauche ich Alexa im Alltag?

Es kommt natürlich darauf an, wie Ihr persönlicher Alltag aussieht. Wirklich notwendig ist Alexa wohl eher nicht. Aber man gewöhnt sich schnell an den Komfort, den sie bietet.

Schon beim Frühstück können Sie sich mit dem Zuruf „Alexa, was gibt's neues?“ über die aktuellen Nachrichten und die Wetterlage informieren. Mit „Alexa, welche Termine habe ich heute?“ zählt Alexa die Termine auf und mit „Alexa, spiele Radio...!“ ertönt Ihr favorisierter Radiosender aus dem Lautsprecher. All das wäre auch ohne Alexa möglich. Dann müsste man einen Computer oder ein Tablet einschalten, um sich die Informationen per Mausklick zu besorgen und ein normales Radio nutzen. Alexa kann aber auch die Heizung und das Licht steuern, alles per Zuruf. Ohne Alexa wäre der Gang zur Heizung notwendig, der Lichtschalter müsste betätigt werden, das Radio, der Computer... Es ist also eine Frage der Bequemlichkeit und ob man Spaß daran hat, sich mit dieser Technologie auseinanderzusetzen.

Alexa kann auf Zuruf sehr viele Geräte steuern, nicht nur das Licht oder die Heizung. Es ist mit ihr kein Problem Steckdosen ein- oder auszuschalten. Es können aber auch der Fernseher und die dazugehörigen Geräte eingeschaltet werden. Ebenso die Stereoanlage und somit die Musik, die man darüber hören möchte. Sehr viele Dinge, die sich normal fernsteuern lassen, kann man in das System einbinden. Manche Systeme kann Alexa von Haus aus steuern, andere wiederum müssen mehr oder weniger aufwändig eingebunden werden.

Sinnvoll ist die Alexa im Alltag aber bestimmt für ältere Menschen oder Menschen mit Behinderung. So muss nicht mehr vom Sofa aufgestanden werden, wenn die Temperatur im Raum zu kalt ist oder wenn es dunkel wird und es Zeit ist, das Licht anzuschalten. Für blinde Menschen dürfte Alexa eine wirkliche Bereicherung im Alltag sein. Musikspielen auf Zuruf, To-Do-Liste per Sprache ergänzen, Termine in den Kalender eintragen lassen und alle mögliche Informationen aus dem Internet abrufen. Natürlich kann Alexa auch Hörbücher vorlesen.

Wenn es Zeit ist ins Bett zu gehen, lässt sich Alexa so einrichten, dass alle Geräte automatisch ausgeschaltet werden und die Heizung in den Nachtmodus wechselt – alles mit einem Kommando.

4. Alexa einrichten

Alexa einzurichten ist sehr einfach. Benötigt wird ein Stromanschluss, um den Echo zu betreiben und eine funktionierende WLAN-Verbindung, über die Alexa mit dem Internet kommunizieren kann. Das WLAN-Passwort wird ebenfalls gebraucht, ebenso wie ein Amazon-Konto. Auch ein Mobiltelefon, Tablet oder ein Computer sind nötig, um die Einrichtung vorzunehmen.

Um Alexa auf dem Amazon Echo zu nutzen ist übrigens kein kostenpflichtiger Account nötig. Es entstehen also keine Kosten, um Alexa am ‚Leben' zu halten. Alexa sendet allerdings Daten über das Internet, wodurch Kosten entstehen können, falls keine Internet-Flatrate vorhanden sein sollte.

Zuerst wird der Echo mit Strom versorgt. Der Lichtring beginnt blau zu leuchten und sich zu drehen. Nach ungefähr einer Minute wechselt das Licht zu Orange und Alexa spricht Grußworte.

Laden Sie die kostenlose Amazon Alexa-App aus Ihrem App-Store herunter und starten Sie die App. Alternativ kann auf http://www.alexa.amazon.de zurückgegriffen werden, falls die App auf Ihrem Smartphone nicht starten sollte.

Unter „Einstellungen“ – „Ein neues Gerät einrichten“ können Sie Ihren Echo einrichten. Sollte der Leuchtring am Echo nicht orange leuchten, drücken Sie die Aktionstaste auf der Oberseite (die mit dem Punkt) für 5 Sekunden. Das sollte helfen! Folgen Sie den Anweisungen. Nachdem Sie das WLAN-Passwort eingegeben haben, stehen Ihnen die Funktionen von Alexa zur Verfügung.

Testen Sie Alexa mit den Worten: „Alexa, erzähle mir einen Witz.“

„Alexa, was steht in meinem Kalender?“

5. Die Alexa App

Die Alexa-App gibt alle gesprochenen Kommandos und die Ergebnisse in einer Auflistung wieder.

So kann auch unterwegs nochmal nachgeschaut werden, wie die Antwort zu einer Frage lautete.

Damit Alexa die richtige Uhrzeit weiß, muss in der App (alternativ im Browser unter http://alexa.amazon.de) bei „Einstellungen“ – „Alexa-Geräte“ – unter dem oberstes Menüpunkt „[IhrName] Echo Online“ bei „Zeitzone des Geräts“ „Europa“ und „Mitteleuropäische Zeit“ eingestellt werden. Ab diesem Zeitpunkt kann Alexa auf die Frage nach der Uhrzeit eine Antwort geben.

Direkt darunter lässt sich übrigens das „Aktivierungswort“ in „Echo“, „Amazon“, oder „Computer“ abändern. Wenn Ihnen der Name „Alexa“ nicht gefällt, können Sie Alexa also auch z. B. mit dem Wort „Echo“ (gesprochen wie Ecko) aktivieren.

Weiter unten lässt sich die Sprache ändern. Diese sollte auf „Deutsch“ eingestellt sein. Darunter kann man das metrische System aktivieren. Auch dieses sollte schon aktiv sein.

Unter „Einstellungen“ lassen sich die Konten für Ihre Musik einstellen. Sie können dort z. B. Ihr Spotify-Konto einbinden und anschließend Alexa bitten, Musik von dort zu spielen. „Alexa, spiele meine Playlist … von Spotify.“

Einstellungen für die „Tägliche Zusammenfassung“ geben vor, was Alexa auf das Kommando „Alexa, was gibt’s Neues?“ ausgibt.

Unter „Sportnachrichten“ teilen Sie Alexa mit, für welche Sportergebnisse Sie sich interessieren.

Bei „Verkehr“ können Sie eine Strecke definieren. Bei Fragen zum aktuellen Verkehr informiert Sie Alexa dann, ob es auf dieser Strecke Stau gibt. Definieren Sie hier Ihren Weg zur Arbeit und fragen Sie Alexa beim Frühstück, wie die Verkehrslage ist.

Sie können einen Google-Kalender mit Alexa verknüpfen. Alexa kann dann Termine in Ihren Kalender schreiben. Alexa kann auch Termine verschieben und wieder löschen. Bei Nachfragen an Alexa zählt diese Ihre Termine auf.

Eine weitere nützliche Einstellung befindet

sich unter „Listen“. Entscheiden Sie sich für eine Verknüpfung mit „Anydo“ oder „Todoist“. Falls Sie schon einen der Dienste nutzen, wählen Sie diesen Dienst und geben Sie Alexa die Erlaubnis, damit zu arbeiten. Falls Sie noch keinen der Dienste nutzen, wählen Sie den, der Ihnen gefällt und legen Sie dort ein Konto an. Mit dieser Funktion können Sie Alexa Dinge auf Ihre Einkaufsliste setzen lassen und die Liste später auf dem Smartphone einsehen. „Alexa, setzte Milch auf die Einkaufsliste.“

Unter „Spracheinkauf“ können Sie die Einkaufsfunktion von Alexa einschränken. Das sollten Sie immer dann machen, wenn Sie nicht alleine im Haushalt sind, denn Alexa nimmt Sprachbefehle von jeder Person entgegen, nicht nur vom Eigentümer! Jede Person könnte also mit dem Befehl „Alexa, bestelle ...“ eine Bestellung bei Amazon aufgeben. Das lässt sich in zwei Stufen einschränken. Sie können die Funktion mit einem vierstelligen Code absichern. Dann müssen Sie bei einer Sprachbestellung über Alexa allerdings diesen Zahlencode laut aufsagen, um die Bestellung zu aktivieren. Das ist natürlich ungünstig, wenn Kinder im Haus sind, die diesen Code leicht mithören können. Die Einkaufsfunktion lässt sich aber auch komplett abschalten, was ich an dieser Stelle auch empfehlen möchte. In Amerika, wo es Alexa schon viel länger gibt, wurde eine Massenbestellung ausgelöst, als in den Nachrichten von einem Fall berichtet wurde, in dem ein Kind sich ein Puppenhaus per Alexa bestellte. Der Nachrichtensprecher hat dabei den Satz gesagt: „Alexa hat mir ein Puppenhaus bestellt.“ Das hat schon ausgereicht, um in jenen Haushalten eine Bestellung anzustoßen, die Alexa nicht eingeschränkt hatten.

Damit sind die wichtigsten Einstellungen in der App abgeschlossen.

Unter den weiteren Menüpunkten kann man einsehen, woher Alexa die Musik bezieht, was auf den Einkaufs- und To-Do-Listen steht, welcher Timer und Wecker aktiv ist, welche Skills (dazu mehr im Kapitel „Alexas Funktionsumfang erweitern mit Skills“) verwendet werden und welche Geräte im Smart Home erkannt wurden.

„Alexa, wird es morgen regnen?“

6. Alexa spielt Musik

Radiosender kann Alexa ohne weitere Einstellungen abspielen. Dies geht ganz leicht mit dem Satz „Alexa, spiele Bayern 3." Über „TuneIn" kann ohne eine weitere Einstellung Musik gehört werden. Die Lautstärke lässt sich dabei bequem per Sprache steuern. Befehle wie „Alexa, Lautstärke 7." (1–10 möglich) oder „Alexa, lauter/leiser!" funktionieren problemlos. Wenn die Musik allerdings sehr laut gespielt wird, kommt es vor, dass Alexa Ihr Aktivierungswort nicht mehr versteht. Hat sie es aber verstanden, regelt sie die Lautstärke sofort herunter, um das folgende Kommando besser zu verstehen. Mit „Alexa, stopp!" ist sie sofort still.

Spielt man Musik über Spotify oder Amazon Musik ab, ergeben sich mehr Möglichkeiten. Mit „Alexa, spiele meine … Playlist auf Spotify." kann man seine Lieblingsmusik hören. Man kann den Titel eines Songs mit der Frage „Alexa, wie heißt dieses Lied?" herausfinden oder den nächsten Titel wählen, indem man sagt: „Alexa, nächstes Lied." Möglich ist auch die Vergabe von Daumen hoch und Daumen runter. Dadurch soll Alexa den Musikgeschmack des Hörers kennenlernen. Mit dem Kommando „Alexa,

Daumen runter.“ wird automatisch das nächste Lied gespielt.

Um Musik von Spotify oder Amazon Musik zu hören, ist ein kostenpflichtiger Account nötig. Amazon-Prime-Konten werden vom Gerät unterstützt und Sie können die Musik hören, die bei Amazon-Prime enthalten ist.

„Alexa, was ist fünf mal fünf?“

7. Alexa macht Licht

Damit Alexa das Licht ansteuern kann, benötigen Sie Lampen, die mit dem Philips Hue-System verbunden sind.

Philips Hue ist ein weitverbreitetes System, mit dem man Licht steuern kann. Es gibt normale LED-Birnen und Birnen, die die Farbe ändern können. Diese Birnen lassen sich in ganz normale Lampenfassungen drehen. Damit die Birnen vom Hue-System angesteuert werden können, müssen diese dauerhaft mit Strom versorgt werden. Der klassische Lichtschalter muss also angeschaltet bleiben. Das Ausschalten funktioniert dann über die Hue-App oder in diesem Fall mit dem Befehl an Alexa. Das Hue-System funktioniert über eine Zentrale, die Hue-Bridge. Diese Bridge muss mit dem Router per LAN-Kabel verbunden werden. Die Bridge steuert die einzelnen Lampen. Alexa muss also Ihre Befehle an die Bridge senden, diese sendet dann die Befehle weiter an die einzelnen Geräte.

In der Alexa-App müssen im Menüpunkt „Smart Home“ die Hue-Lampen eingebunden werden. Alexa sollte sämtliche Smart-Geräte, die im Haushalt sind, erkennen. Lampen lassen sich gruppieren und man kann z. B. alle Lampen im Wohnzimmer gemeinsam schalten.

Alexa steuert das Licht mit Befehlen wie:

„Alexa, schalte das Licht im Wohnzimmer an“,

„Alexa, dimme Wohnzimmer auf 30%“ oder

„Alexa, Licht aus.“

Die Philips Hue RGB Lampen können auch die Farben ändern. Dies funktioniert aber nur über eine Erweiterung für Alexa. Lesen Sie dazu das nächste Kapitel.

„Alexa, wie spät ist es?“

8. Alexas Funktionsumfang erweitern mit Skills

Alexa kann mit weiteren Funktionen ausgestattet werden, den sogenannten Skills. Skills sind eine Art Apps für Alexa. Mit Skills kann beispielsweise die Nachrichtenzusammenfassung, die Alexa auf die Frage „Alexa, was gibt's neues?" wiedergibt, individualisiert werden. Es gibt unter anderem Skills von der „Wirtschaftswoche", „Heise Online" und auch der „Bild".

Im vorherigen Kapitel habe ich beschrieben, wie Alexa das Licht von Philips Hue-Lampen steuern kann. Allerdings ist nicht mehr möglich als das Licht ein- und auszuschalten oder es zu dimmen. Wenn Sie die Farben Ihres Hue-Systems ändern möchten, geht das mit dem Philips Hue-Skill.

Diesen suchen Sie über die Amazon-Suche. Dort einfach „Philips Hue-Skill" eingeben und er taucht bei den ersten Treffern auf. Der direkte Link zum Skill ist dieser: http://amzn.to/2kBqIyi

Den Skill aktivieren Sie über den gelben Button „Anmelden" rechts oben auf der Webseite. Mit diesem Skill kann Alexa sogenannte Szenen auf den Hue-Lampen anwenden. Es gibt ein paar voreingestellte Szenen, Sie können aber auch neue, nach Ihrem Geschmack, anlegen. Wenn Sie neue Szenen anlegen möchten, machen Sie das in der Philips Hue-App auf Ihrem Mobiltelefon. Sie müssen Alexa Bescheid geben, wenn Sie eine neue Szene verwenden möchten. Das geht ganz einfach, indem Sie sagen „Alexa, finde Smartgeräte." Danach lässt sich das Licht mit „Alexa, schalte die Szene ‚Relax' im Wohnzimmer ein." steuern. Das Licht wird gedimmt und die Farbe ändert sich.

Mit den passenden Skills lassen sich auch Heizungen und andere Smart Home-Geräte steuern. Solche Skills erweitern die Fähigkeiten von Alexa enorm; sie versteht dann Befehle wie: „Alexa, stelle die Heizung im Wohnzimmer auf 22 Grad."

Mit Skills kann Alexa auch über Google suchen und findet dann befriedigendere Antworten. Der Sprachbefehl lautet dann: „Alexa, frag Google, was ein Hubschrauber ist." Eine gute Anleitung, wie man so einen Skill erstellt, findet sich auf Youtube: https://youtu.be/MlNs23J4e8E

Passende Skills erweitern Alexa um die Fähigkeit, Aktienkurse, Bahnverbindungen oder Rezepte zu finden. Der Umfang an Skills ist in Deutschland noch recht überschaubar. Aber da Alexa hier erst am Anfang steht, darf man wohl zuversichtlich sein, dass die Angebote wachsen. In Amerika gibt es schon mehr als 3000 Skills.

9. IFTTT hilft Alexa

Wenn Sie Ihre Smart Home-Geräte mit Alexa steuern möchten und keinen passenden Skill finden, dann hilft IFTTT (if this then that) möglicherweise weiter. IFTTT ist ein Webservice, der bei einer Bedingung eine Aktion auslösen kann. Die Bedingung ist in unserem Fall die Sprachanweisung an Alexa, die an IFTTT gesendet und dort verarbeitet wird, woraufhin der Dienstanbieter die dazu passende Aktion auslöst (Smart Home Gerät steuern).

Um IFTTT zu nutzen, müssen Sie einen Account bei www.ifttt.com anlegen. Das IFTTT-Prinzip ist sehr einfach in der Anwendung und folgt immer dem gleichen Schema: Wenn eine Bedingung erfüllt ist, dann wird eine Aktion ausgelöst.

Bevor Alexa mit IFTTT kommunizieren kann, muss Alexa dort angemeldet werden. Gehen Sie dazu auf https://ifttt.com/amazon_alexa und klicken dann auf „Connect“. Lassen Sie sich nicht beirren, wenn dort „US, UK only“ steht; alles funktioniert mittlerweile auch für den deutschsprachigen Raum. Bestätigen Sie Ihren Amazon-Konto-Zugang. Jetzt ist Alexa mit IFTTT verbunden.

Klicken Sie als nächstes auf „My Applets“ und dann auf „New Applet“. Jetzt sehen Sie den Satz „if this then that“. Klicken Sie auf das blaue „this“ um die Bedingung zu definieren. Suchen Sie nach „Alexa“ und klicken Sie dann auf das Icon von „Amazon Alexa“. Als nächstes wählen Sie die Kachel mit der Aufschrift „Say a specific phrase“ aus. In das Textfeld schreiben Sie den Wortlaut, der die Aktion auslösen soll. Ein Beispiel hierfür wäre: „wohnzimmer blau“. Alles muss klein geschrieben sein und momentan werden noch keine Umlaute unterstützt. Klicken Sie auf „Create trigger“. Es erscheint der gleiche Satz wie vorher, nur ist dieses Mal das Wort „that“ blau. Klicken Sie darauf, um die Aktion zu definieren. Suchen Sie nach „hue“ und klicken Sie auf das Icon „Philips Hue“. Verbinden Sie IFTTT mit Ihrem Philips Hue-Konto. Dann wählen Sie die Kachel mit der Aufschrift „Change color“. Bei „Which lights?“ wählen Sie Ihre Lampen aus, die sich im Wohnzimmer befinden. In das Feld unter „Color value or name“ schreiben Sie den Farbwert „66bbff“. Klicken Sie jetzt auf „Next“. Abschließend klicken Sie auf „Finish“ und damit ist Ihr erster ‚Trigger‘ fertig. Mit der Anweisung „Alexa, trigger Wohnzimmer blau.“ wird das Licht im

Wohnzimmer auf Blau geändert.

Nach diesem Schema kann Alexa praktisch jede Aktion auslösen, die von IFTTT unterstützt wird, und das sind sehr viele.

Falls Sie gerne Ihre Heimkinoanlage mit IFTTT steuern möchten, dann ist das über den Logitech Harmony Hub möglich. Logitech Harmony ist eine universelle Fernbedienung, die über einen Hub kompatible Geräte steuern kann. Falls Ihr Gerät nicht direkt vom Hub unterstützt wird, kann die dazugehörige Fernbedienung angelernt werden und so Ihren Fernseher steuern. Die Anweisung „Alexa, trigger Fernseher an." veranlasst IFTTT eine Aktion an den Logitech Harmony Hub zu senden, der in diesem Fall den Fernseher einschaltet.

Es ist auch möglich eine Hilfe-SMS per Anweisung an Alexa zu versenden. Dazu definiert man eine Phrase mit dem Wort „hilfe" und eine Aktion SMS mit der Nummer vom Empfänger und dem Text, der von IFTTT versendet werden soll. Mit der Anweisung „Alexa, trigger Hilfe." wird dann diese SMS versendet.

Was mich persönlich bei IFTTT stört, ist die Tatsache, dass jede Anweisung mit dem Wort „trigger" beginnt. Damit lassen sich die

Anweisungen nicht intuitiv geben, da das Wort „trigger“ im Deutschen nicht vorkommt. Eine interessante Alternative zu IFTTT ist die App Yonomi. Diese hat noch keinen so hohen Funktionsumfang, funktioniert aber prinzipiell ähnlich wie IFTTT und generiert Anweisungen, die sich natürlicher anhören. Yonomi funktioniert nur auf dem Smartphone oder Tablet. Die Funktionen lassen sich aber auch auf einem kleinen Display leicht zusammenklicken.

„Alexa, spiele Musik von Phil Collins."

10. Den Echo zum Mitnehmen

Mit dem Amazon Tap ist zumindest auf dem US-Markt eine portable Version vom Amazon Echo zu haben. Wann es dieses Gerät in Deutschland geben wird weiß nur Amazon.

Wer eine portable Lösung haben möchte, kann sich mit einem Echo Dot und einem externen Akku (Powerbank) einen Amazon Tap selbst basteln. Die Powerbank muss einen Stromausgang mit 5V und 2.1A haben, damit der Dot richtig funktioniert. Mit dieser Kombination kann der Dot frei in der Wohnung transportiert werden und funktioniert so im Badezimmer oder auch auf dem Balkon. Überall wo das WiFi-Netzwerk erreichbar ist.

Eine komplett unabhängige Kombination funktioniert in Verbindung mit dem Smartphone. Einfach mit dem Smartphone einen WiFi-Hotspot aufmachen und den Dot damit verbinden (nicht die zu versendenden Daten und eventuell damit verbundene Kosten außer Acht lassen!). Spaß mit Alexa auf der nächsten Grillparty ist so kein Problem mehr.

11. Was Alexa nicht kann

Alexa kann schon recht viel und wird in Zukunft sicherlich viel dazulernen. Für viele Funktionen braucht Alexa einen Skill. Diese sind aber in der Nutzung nicht einheitlich. Manche Skills müssen mit dem Kommando „Alexa, öffne [Name des Skills].“ gestartet werden. Erst danach kann die eigentliche Frage folgen. Intuitiv wäre aber nur die direkte Frage. Ein Beispiel: Wenn ich die Zutatenliste eines Rezeptes brauche, kann Alexa die Frage „Alexa, was benötige ich alles für einen Nudelsalat?“ nicht beantworten. Mit einem Skill für Rezepte komme ich an meine Informationen. Dies ist allerdings umständlich, da ich Alexa zuerst mitteilen muss „Alexa, öffne ‚Rezepteskill‘.“ Erst anschließend kann ich dann nach der Zutatenliste fragen.

Es gibt Skills, die sehr intuitiv gelöst sind. Der Philips Hue-Skill kann ohne vormaliges Öffnen genutzt werden. Das wird so sicherlich nicht mit jedem Skill funktionieren können, dennoch sollte meiner Meinung nach eine intuitive Nutzung angestrebt werden. Die Bedienungsweise von Skills, die nur selten genutzt werden, geraten schnell in Vergessenheit, denn bei einer nicht intuitiven

Nutzung muss ich mir merken, wie der Skill heißt und mit welchem Befehl ich diesen öffne.

Alexa weiß momentan nicht, von wem sie Anweisungen erhält. Das wäre bei einem Mehrpersonenhaushalt jedoch nützlich. Es lässt sich zwar ein weiteres Benutzerkonto mit Alexa verbinden und auch über einen Sprachbefehl wechseln, aber diese Funktion ist noch weit davon entfernt, perfekt zu sein. Über eine Stimmerkennung könnte Alexa Anweisungen verschiedenen Konten zuweisen.

Alexa weiß auch noch nicht, wo ich mich im Haus aufhalte. So kann Alexa den Befehl „Alexa, dimme das Licht um 30 Prozent." nicht raumgebunden ausführen. Momentan muss man Alexa stets dazusagen, in welchem Raum man das Licht gedimmt haben möchte.

Und auch wenn Alexa sehr freundlich auf gestellte Fragen antwortet, ein Schwätzchen mit ihr ist momentan nicht möglich. Denn Alexa arbeitet eine Anweisung nach der anderen ab. Die Frage „Alexa, wie alt ist Angela Merkel?" kann Alexa beantworten; die Folgefrage „Alexa, wie groß ist sie?" scheitert. Es muss wieder die gesamte Frage gestellt werden, nämlich „Alexa, wie groß ist

Angela Merkel?“, um die passende Antwort zu erhalten. Auch das dürfte ein ‚Problem‘ sein, das Amazon in der Zukunft lösen wird.

Alexa funktioniert nur, wenn eine bestehende Internetverbindung vorhanden ist. Sobald das Internet ausfällt, fällt auch Alexa aus. Sie ist ebenso abhängig von der Amazon-Cloud. Sollte der Dienst bei Amazon nicht erreichbar sein, ist Alexa ebenfalls nicht erreichbar. Das ist übrigens bei sehr vielen Smart Home-Produkten der Fall. Bei wichtigen Funktionen ist es deshalb ratsam, sich vorher darüber zu informieren, was passiert, wenn die Verbindung zum Internet ausfällt.

12. Datenschutz: Was sendet Alexa an Amazon?

Um ehrlich zu sein, kann ich hier nur Vermutungen anstellen. Amazon versichert, dass Alexa keine Gespräche aufzeichnet und an Amazon sendet, solange Alexa das Aktivierungswort nicht erhalten hat. Daten werden erst dann an Amazon gesendet, nachdem das Aktivierungswort verstanden wurde und der Leuchtring blau leuchtet. Das Aktivierungswort wird ohne Verbindung zu Amazon auf dem Echo-Gerät verstanden und aktiviert erst danach die Verbindung zu Amazon. Wer sensible Gespräche führt, hat die Möglichkeit die Mikrofone des Echo abzuschalten. Dann leuchtet der Echo rot. Er reagiert in diesem Fall auch nicht mehr auf sein Aktivierungswort.

Es sollte jedem klar sein, dass Amazon die Daten speichert und sehr wahrscheinlich auch für seine Zwecke nutzt. Wer Alexa verwendet, sendet z. B. Daten über seinen Musikgeschmack an Amazon. Amazon weiß zudem, was auf der Einkaufsliste oder der To-Do-Liste steht und welche Termine in meinen Kalender eingetragen sind...

Wer Alexa nutzt, muss sich klar machen,

welche Daten er von sich preisgibt.

Um das Ganze zu relativieren: Wer ein Smartphone (egal von welchem System), Google-Dienste oder Facebook nutzt, steht vor demselben Problem. Überall werden heute Daten vom Nutzer an die unterschiedlichsten Dienste gesendet und dort verarbeitet.

Welchen Weg nehmen meine Daten?

Bei einem einfachen Kommando sendet Alexa die Anfrage in die Cloud zu Amazon, dort wird die Anfrage verarbeitet und die passende Antwort zurück an den Echo gesendet, der sie gesprochen ausgibt.

Welchen Weg nehmen meine Daten?

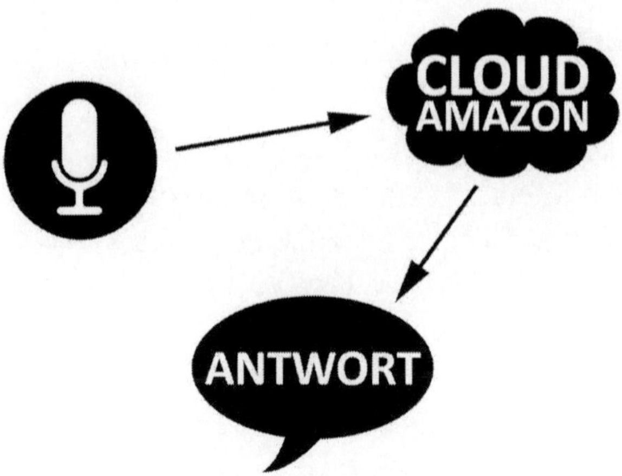

Bei einem Kommando, das über eine Skill-Funktion ausgeführt wird, sendet die Amazon Cloud eine Anfrage an den Betreiber des Skills. Am Beispiel für die erweiterte Funktionalität der Philips Hue-Lampen, würde das ungefähr so aussehen:

Der Befehl „Alexa, schalte die Lampen im Wohnzimmer blau.“ wird an die Cloud gesendet. Dort stellt Amazon fest, dass die Funktion über den Skill „Philips Hue“ verarbeitet werden soll. Die Anweisung wird also an den Skill-Betreiber (Philips) gesendet, um die Funktion auszuführen. Philips sendet die Anweisung an das Smart Home (in unserem Fall die Hue Bridge) und dort wird dann die Aufforderung an die einzelnen Lampen gesendet. Wenn die ganze Kette richtig funktioniert, dann werden die Lampen im Wohnzimmer blau. Bei diesem Beispiel wird auch klar, dass die Daten nicht nur bei Amazon in der Cloud bleiben, sondern auch an Dritte weitergeleitet werden. Eventuell werden ebenfalls Daten von Philips an Amazon gesendet, aber darüber kann ich nur spekulieren.

Welchen Weg nehmen meine Daten?

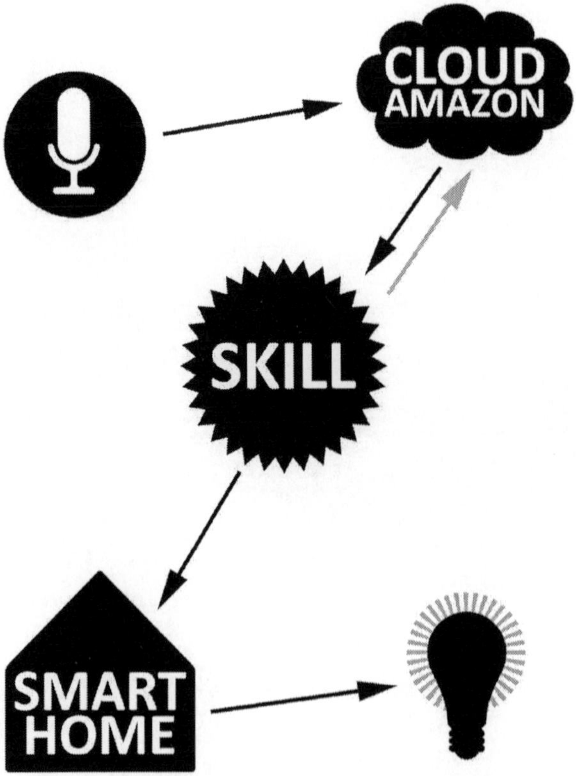

Je mehr Skills aktiviert werden, desto mehr Daten werden an die unterschiedlichsten Stellen gesendet. Das dürfte in der Mehrzahl der Fälle allerdings unproblematisch sein. Dass die Tagesschau irgendwelche Daten speichert, wenn ich die Nachrichten hören möchte, bezweifle ich. Ein Anbieter von Smart Home-Geräten allerdings könnte beispielsweise speichern, wie oft die Lampen an einem Abend an- oder ausgeschaltet werden, wie lange diese brennen und welche Farben am liebsten genutzt werden. Dieser Anbieter könnte auch wissen, wie viele Lampen im Haushalt sind und, wenn die einzelnen Räume alle mit smarten Lampen ausgestattet sind, wie viele Zimmer die Wohnung hat. Selbstverständlich gehe ich davon aus, dass solche Daten anonymisiert sind und nur zu statistischen Zwecken verwendet werden. Es muss auch nicht gleich dramatisiert werden, dass Daten wie „Schalte Licht an." oder „Wie sind die Neuigkeiten?" versendet werden. In der Praxis sieht es wohl vielmehr so aus, dass auf einem Server gespeichert wird, dass die Lampen im Haushalt mit der IP-Adresse X angeschaltet sind. Die Postanschrift zu der IP-Adresse kennt aber nur der Internetprovider, der diese nicht ohne Weiteres herausgeben darf. Solange Sie also nicht selbst Ihre Postanschrift angeben, z. B. bei der Einrichtung des Smart Home, bleiben die Daten normalerweise anonym.

Auch wenn ich hier zum Thema Datenschutz schreibe, muss ich darauf hinweisen, dass ich kein Datenschutzexperte bin. Mit meinen Ausführungen möchte ich Sie lediglich für dieses wichtige Thema sensibilisieren.

Wenn Sie mehr zum Thema Datenschutz wissen möchten, empfehle ich eine Internetrecherche und passende Literatur.

„Alexa, sing ein Weihnachtslied.“

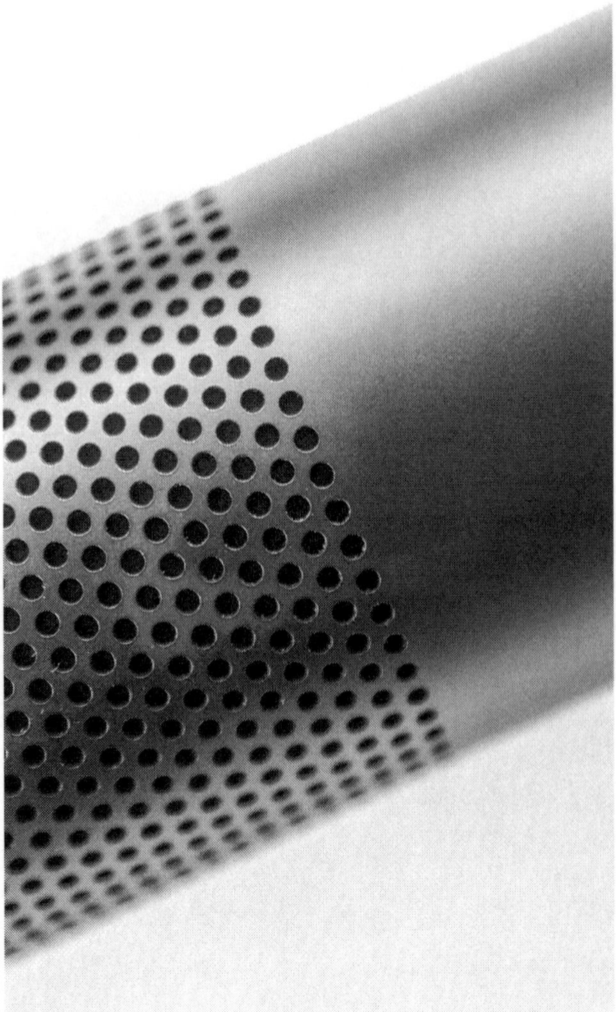

13. Spaß mit Alexa

Mit Alexa kann man, mal mehr oder mal weniger witzige ‚Unterhaltungen' führen.

Geben Sie Ihrer Alexa doch einfach mal folgende Kommandos:

Wo ist Chuck Norris?

Erzähl mir einen Witz.

Wer bin ich?

Hast du mich vermisst?

Hast du gut geschlafen?

Was soll ich heute anziehen?

Wann flog der erste Echo gegen die Wand?

Willst du mich verarschen?

Was ist Pi?

Was ist los hier?

Bist du Skynet?

Wann wird es mal wieder richtig Sommer?

Wer hat in meinem Bettchen geschlafen?

Wer ist die Schönste im ganzen Land?

Warum ist die Banane krumm?

Singe „Happy Birthday".

Erzähl mir einen Zungenbrecher.

Wirf eine Münze.

99 Luftballons.

Schnick Schnack Schnuck.

Beam mich hoch.

Earl Grey, heiß.

Sein oder nicht sein?

Erzähl mir ein Gedicht.

Hatschi!

Sing ein Weihnachtslied.

Test, 1, 2, 3.

Blöde Kuh.

Selbstzerstörung.

„Alexa, wann geht heute die Sonne unter?“

14. Tipps und Tricks

Wenn Sie Alexa unauffällig im Raum stehen haben, können Sie eventuell nicht sehen, ob das Aktivierungswort verstanden wurde und Alexa bereit ist, Ihre Anweisung entgegenzunehmen. Für diesen Fall lässt sich ein Bestätigungston aktivieren. Der Anfrageton kann sowohl zu Beginn der Anfrage als auch am Ende gesetzt werden. Öffnen Sie dazu Ihre Alexa-App und gehen Sie in die „Einstellungen". Klicken Sie auf „[IhrName] Echo" und dann auf „Töne und Benachrichtigungen". Unter „Anfragetöne" können Sie den Bestätigungston für den Start oder das Ende der Anfrage aktivieren.

Falls Ihr Echo zu weit weg steht, um Ihre Anweisungen zu verstehen, können Sie auch eine Fernbedienung benutzen. Diese Fernbedienung funktioniert für den Echo und den Echo Dot. Es kann aber immer nur ein Gerät angesprochen werden. Sprechen Sie einfach in die Fernbedienung, Ihre Anweisungen werden dann an Alexa übermittelt. Über die Fernbedienung kann auch das Mikrofon des Echo ein- oder ausgeschaltet werden. Hier finden Sie die Fernbedienung für Ihren Echo: http://amzn.to/2ki3ccH

Skills kann Alexa auch per Sprachanweisung aktivieren. Wenn Sie also den Namen von einem Skill kennen, weil dieser Ihnen empfohlen wurde, dann können Sie ihn mit den Worten: „Alexa, aktiviere den Skill …!“ aktivieren.

Die bei Amazon gespeicherten Anfragen, die Sie an Alexa gesendet haben, lassen sich löschen. Inwieweit Ihre Daten bei Amazon schon verwertet wurden, kann man allerdings nicht einsehen. Gehen Sie auf die Webseite von Amazon. Dort finden Sie unter „Mein Konto“ den Menüpunkt „Meine Inhalte und Geräte“. Klicken Sie danach auf „Meine Geräte“ und wählen dort Ihren Echo aus. Mit einem Klick auf „Sprachaufzeichnungen verwalten“ werden Sie gefragt, ob Sie wirklich alle Sprachaufzeichnungen löschen möchten.

Übrigens: Mit „Alexa, wiederhole das.“ wiederholt Alexa ihre letzte Antwort.

Wussten Sie: Mit „Alexa, stopp!“
verstummt Alexa augenblicklich.

15. Wichtige Links

Eine praktische Liste zu Seiten im Internet habe ich hier zusammengestellt:

Alexa im Browser einrichten:
http://alexa.amazon.de

Einrichtungsvideo auf Youtube:
https://youtu.be/H6gn2UFC4vg

Angebote der Skills:
http://amzn.to/2jU17A1

Smart Home-Produkte, die von Amazon empfohlen werden:
http://amzn.to/2jBVhSQ

Produktseite des Echo:
http://amzn.to/2jBRrta

Produktseite des Echo Dot:
http://amzn.to/2jufGhv

Die Sprachfernbedienung für den Echo oder den Echo Dot:
http://amzn.to/2jU9xHw

Skills selbst erstellen (englisch):
https://developer.amazon.com/de-de/alexa-skills-kit

Deutschsprachiges Forum zu Alexa:
https://www.amzecho.de

Link zu IFTTT (if this then that):
https://ifttt.com

Videoanleitung für einen Google Skill:
https://youtu.be/MlNs23J4e8E

„Alexa, was sind fünf Meilen in Kilometer?“

Schlusswort

Ja, Alexa muss sich noch entwickeln, um wirklich perfekt zu sein. Ich habe sie trotzdem schon lieb gewonnen und möchte die Funktionen auf Zuruf nicht mehr missen. Die Frage, ob ich wirklich alles mit ihr steuern möchte, muss ich verneinen. Manche Dinge sind mir auf die alte Art einfach lieber. Meinen Fernseher kann ich sehr gut auch mit meiner Fernbedienung einschalten. Ich muss dann auch nicht immer Alexa anweisen, wenn ich den Ton gerne lauter oder leiser haben möchte. Eine andere Lichtstimmung im Wohnzimmer vom Sofa aus einzustellen, ist mit Alexa bequemer. Toll fände ich es auch, wenn ich Alexa fragen könnte, wann meine Waschmaschine mit der Wäsche fertig ist. Technisch ist dies schon möglich, aber möchte ich mir wegen dieser Funktion eine neue Waschmaschine zulegen?

Ich bin gespannt, wie sich Alexa entwickeln wird und freue mich schon auf den Tag, an dem sie meine Fragen kontextsensitiv beantworten kann.

Abschließend möchte ich mich nochmal bei Ihnen bedanken. Ich hoffe, dass dieses Handbuch einige interessante Tipps für Sie bereithielt. Schreiben Sie mir doch einfach eine kurze Email, was Ihnen gefallen hat, oder wo Sie noch Potenzial für Verbesserung sehen. Meine Email-Adresse ist: foto@magann.de

„Alexa, Licht aus!“

17612044R00048

Printed in Poland
by Amazon Fulfillment
Poland Sp. z o.o., Wrocław